ИЗ ЛИЧНОЙ БИБЛИОТЕКИ

_____
имя

_____
фамилия

ИФ БРОДСКИЙ

СЛОН

И МАРУСЬКА

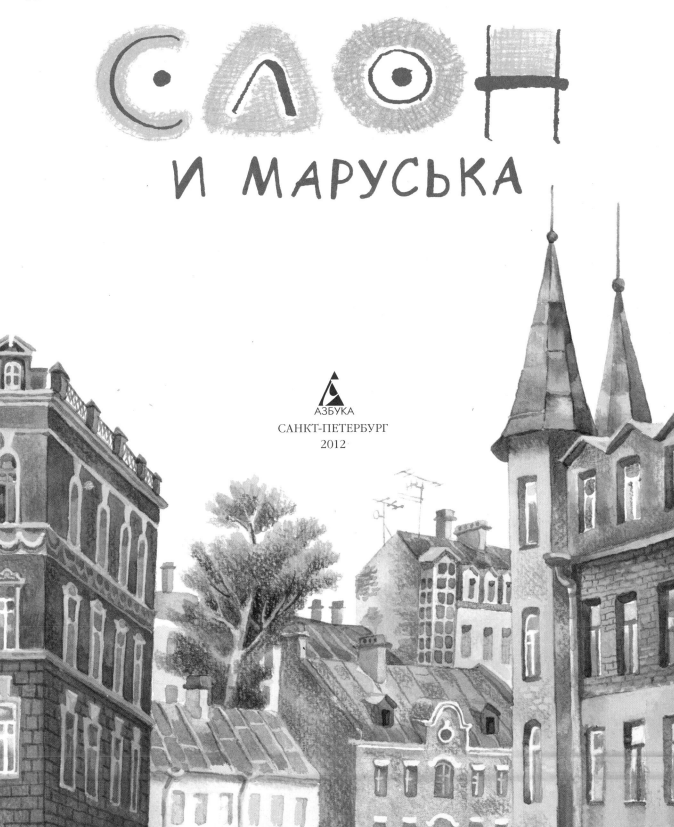

АЗБУКА

САНКТ-ПЕТЕРБУРГ

2012

УДК 82-93
ББК 84(7США)
   Б88

Художник Игорь Ганзенко

Наследство Иосифа Бродского выражает благодарность Алексею Гринбауму
за содействие в подготовке и осуществлении настоящего издания
и Якову Клоцу за помощь в подготовке текстов.

Тексты воспроизводятся
с сохранением особенностей авторского написания и пунктуации.

*В оформлении обложки использован
автопортрет Иосифа Бродского 1964 г.*

Бродский И.

Б88   Слон и Маруська : Стихи. — СПб. : Азбука, Азбука-Аттикус,
2012. — 48 с. : ил. — (44 весёлых стиха).

   ISBN 978-5-389-01653-8

   Стихотворения Иосифа Бродского для детей долгое время публи-
ковались только в журналах, зачастую в сокращённом виде. Издатель-
ство «Азбука» впервые выпускает сборник детской поэзии Бродского
с рисунками известного художника-иллюстратора Игоря Ганзенко.

УДК 82-93
ББК 84(7США)

ISBN 978-5-389-01653-8

Чистое утро

Умываются коты.
Чистят мордочки кроты.
Умывается лиса.
Отражаются леса.
Чистит крылья майский жук.
Умывается паук
(хоть он мал и невесом).
Принимает ванну сом.
Совы моются в ночи.
А вороны и грачи
чистят перья поутру.
Чайки сохнут на ветру.
Моет звёзды ночь сама
на рассвете. А зима
умывается в весне.
Речки моются во сне.
Словно пена, наяву
тучки моют синеву.
День встаёт во всей красе.
Нужно мыться — знают все.
Все об этом помнят,
даже стенки комнат
в чистоте, в порядке,
как листы тетрадки.
Только Маша-плакса
между них, как клякса.

Слон и Маруська

Маруська была — не считая ушей —
   не кошка — краса круглолицая.

Слоны, как известно, боятся мышей,
   и кошка при них — как милиция.

И вот у Маруськи звонит телефон
   (а дело уж близится к полночи),

и в трубке хрипит перепуганный Слон:
   — Здесь мышь... Умоляю... о помощи...

И, острые когти поглубже вобрав,
   среди снегопада и мороси

Маруська к Госцирку несётся стремглав
   почти на космической скорости.

Вбегает и видит: швейцар весь дрожит,
   слезами глаза его застятся,

а Слон на спине на арене лежит,
   хватается хоботом за сердце.

Хрипит, задыхается: — Вот он, бандит...
хватай его, киска, ты смелая...

Действительно, мышь на арене сидит,
но мышь эта вовсе не серая.

— Хватай его, киска... чего ты глядишь... —
От страха стал Слон цвета бурого.

— Да это же, граждане, белая мышь!
Она же сотрудница Дурова.

Учёная мышка! Палата ума!
    Я месяц назад или около

была на её представленьи сама
    и хлопала ей, а не слопала.

— Спасибо, — тут молвит в смущении Слон. —
    Приятно от страха избавиться.

Подходит к Маруське, кладёт ей поклон.
    Маруська в ответ улыбается.

— Что хочешь теперь ты приказывай мне!
    И вот, как владычица Индии,

вернулась Маруська домой на Слоне.
    Соседи мои это видели.

Прошло много времени с этого дня,
и я бы о нём, вероятно,
забыл.
    Но Маруська живёт у меня,
и в цирк нас пускают бесплатно.

1962

История двойки

Вовин дом от школы Вовы
Отстоит наискосок,
Мальчик Вова у сугроба
Задержался на часок.
А потом, уже в квартире,
Взяв пугач, часа четыре
Он, наряженный пиратом,
Вёл сраженье с младшим братом.
За окном уже темнело,
Вова взял учебник,
Но...

Вместо математики
Стал играть в солдатики.
А потом он ужин съел,
А потом за стол он сел.
И в задачник заглянул,
И немедленно заснул.
Бедный Вова! Он, в итоге,
Хмуро мнётся на пороге.
Он глаза от мамы прячет
И, того гляди, заплачет:
У него портфель в руке
С грузом двоек в дневнике.

<не позднее 1967>

Сентябрь

Сентябрь — портфели, парты.
В классе — кляксы, помарки.
Двух полушарий карты.
Жёлтые листья в парке.

Перья — как балерины,
пляшут буквы кривые.
Вписываются витрины
в прописи дождевые.

В роще дятел и белка
что-то шепчут друг другу.
И журавлиная стрелка
отклоняется к Югу.

1966

<h1>* * *</h1>

Лёва Скоков хочет полететь на Луну. Женя Кошкин ежедневно ходит в кино. Толя Пташкин любит играть в войну. А вот Лёше Бокову (но не ставьте это ему в вину) — от этих разговоров смешно. Ему всё равно. Толя Пташкин скопил и купил пистолет. Лёва Скоков смотрит, как в небе звезда горит. Женя Кошкин клянчит у мамы гривенник на билет. А Лёша Боков смеётся и говорит: «Пистолет. Ха-ха-ха! И не стыдно — в четырнадцать лет! Что, ракеты? Чепуха. Да ведь это же бред. А от этих кино в голове винегрет! Лучше я отправлюсь домой и залягу в кровать. Или просто соломинку во дворе отыщу. И начну тогда мыльный пузырь выдувать. Или просто мотивчик один посвищу. Или, может, пойду поболтаться к реке: там одна знакомая кошка живёт. Поболтаем с ней, скажем, о молоке, а потом почешу ей тёплый живот. Что ракеты! Железо. Какой от них толк... А вот мыльный пузырь — это — что ты! — восторг! Скоро мозги у Женьки от кино этих сточатся. Что-то в космос лететь совершенно не хочется. Что-то Пташкин-военный мне кажется тошненьким. Интереснее с кошкой болтать мне, чем с Кошкиным. Что-то всё это не по мне. Ха-ха-ха, мне-то дела хватает вполне. Пусть уж Скоков с видом ошпаренным мчится в дом пионеров на встречу с Гагариным. Ха-ха-ха-ха, он кричит мне, что всё это зависть. Умираю... ай-ай, хохочу, заливаюсь. „Троечник! — Пташкин кричит мне. — Трепло!" Мне от этого ни холодно ни тепло. Верно: тройки по физике, по литературе. Но зато пятёрочка по физкультуре! „Леша Боков, кричат они мне, Лежебоков“. Извивается Пташкин, изощряется Скоков. И к тому ж на меня среди этого звона Пташкин смотрит со злобою, как на шпиона. Дураки они все — это мне известно. С ними скучно мне, тошно, неинтересно. И поэтому с ними я тут же прощаюсь и ко всем через этот журнал обращаюсь: Предлагаю тому, кому это захочется, своё интересное, умное общество. Чего только нет в голове у меня. Обещаю: скучать не придётся ни дня. Мы будем подолгу валяться в кроватях, ставить кляксы в новых тетрадях, вырезать из них всяких чертей, голубей. (Какие ракеты, не пойму хоть убей.) Сходим к знакомой кошке к реке. Нарисую мишень я на потолке (я умею чуть-чуть рисовать). В потолок будем, лежа в кровати, плевать. Посвистим и поспим, пожуём, поплюём... мы придумаем, чем нам заняться, вдвоём... Приезжайте! Спешите. Я к вашим услугам. Жду того, кто окажется братом и другом. Я ни в чём не имею сейчас недостатка — у меня лишь в приятелях вроде нехватка. Приезжайте. Спешите. Извещайте. Пишите. Приезжайте хоть утром, хоть в сумрак ночной, все, кто хочет навек подружиться со мной!»

Кто открыл Америку

«Шекспир открыл Америку.
Давно. При Г. Ю. Цезаре.
Он сам причалил к берегу.
Потом — его зарезали».

«Вы что?! Шекспир — Америку?
Он умер до отплытия.
Принадлежит Копернику
честь этого открытия».

«Да нет, перу Коперника,
французского поэта,
принадлежит трагедия
„Ромео и Джульетта“».

«Ах нет, вы просто спятили!
Да что ж вы, в самом деле?
Америка, приятели,
открыта Торричелли!»

«Да нет, вы всё напутали.
Как следует усвойте:
не Торричелли — Ньютоном
Америка...» — «Постойте,

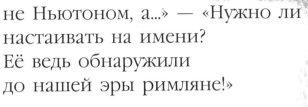

не Ньютоном, а...» — «Нужно ли
настаивать на имени?
Её ведь обнаружили
до нашей эры римляне!»

«Я чувствую без имени
себя совсем подавленным.
Вы что? Какие римляне?
Она открыта Дарвином!»

«Не Дарвином, а Байроном!»
«Плешивым и пришибленным?»
«Да нет, известным барином».
«Не Байроном, а Шиллером!»

«Уверьтесь, бросив глупости,
в сужденье обоснованном:
Америка на глобусе
нанесена Бетховеном!»

«Бетховена примерное
служение наукам
известно; но Америка
открыта Левенгуком».

«Нет, что-то тут не вяжется.
Она открыта...» — «Врёте!»
«Буонапартом, кажется».
«Вот-вот, Буонарроти!»

«Да нет, Его Величество
Карл Пятый...» «Заблуждение!»
«...В эпоху электричества!»
«...Да, до оледенения...»

«Шекспир нам дал подробное...»
«Шекспир? Он из Италии...»

Ну, и тому подобное
и, так сказать, так далее.

Вот так на подоконнике
беседовали школьники.
    Я двери притворил.
Прошу вас убедительно
сказать им, кто действительно
    Америку открыл!

1966

Рабочая азбука

А

Тётя занята овсом,
и пшеницею, и льном.
Тётя помнит обо всем.
Эта тётя — АГРОНОМ.

Б

Гонит месяц облака,
тучек пелерину,
чтоб увидеть двойника:
тётю БАЛЕРИНУ.

В

Если утром у нас
голова горяча
или дёргает глаз —
вызываем ВРАЧА.

Г

Ходит дядя за рудою,
путь у дяди долог-долог.
Этот дядя с бородою
называется ГЕОЛОГ.

Д

Подворотни и углы,
усмехаясь веско,
ДВОРНИК с помощью метлы
доведёт до блеска.

Е

Жадность букв ужасна, дети!
Я проехал страны все,
но на свете, ах, на свете
нет профессии на Е.

Ж

Друг заполненных вагонов,
враг пустопорожних,
проживает на перронах
ЖЕЛЕЗНОДОРОЖНИК.

З

Кто проводит в клетке век
ночью и при свете,
но не зверь, а человек, —
тот ЗООЛОГ, дети.

И

В пять минут сломать часы
может мой приятель.
Он хитрее лисы:
он ИЗОБРЕТАТЕЛЬ.

К

И комбайн, и коня,
и блоху под конец,
подкуёт, без огня
не живущий, КУЗНЕЦ.

Л

Натянув плотней перчатку,
вас без проволочек
из России на Камчатку
доставляет ЛЁТЧИК.

М

Волны ходят по тельняшке,
дым от папиросы,
якоря блестят на пряжке.
Кто идёт? МАТРОСЫ.

Н

Мама входит в детский сад.
Щёчки разрумяня,
ей навстречу сто ребят.
Эта мама — НЯНЯ.

О

Где живут стада оленьи,
там и он живёт,
незнакомый с ленью
наш ОЛЕНЕВОД.

П

Чтобы чай с молоком
пить в домах добротных,
кто стучит молотком,
словно дятел? ПЛОТНИК.

Р

Тянут воблу и угрей,
вопреки стихии,
из бушующих морей
РЫБАКИ лихие.

С

Чтоб луной заблистал
на столе самовар,
выплавляет металл
из печей СТАЛЕВАР.

Т

Сонных глаз поутру
под подушку не прячь.
Возвещает зарю
вставший с солнцем ТРУБАЧ.

У

Электричество, газ —
ежедневным трудом
все удобства для нас
создаёт УПРАВДОМ.

Ф

К разрешению загадки
самой главной близок,
начинает с физзарядки
утро каждый ФИЗИК.

Х

Кто, приблизившись к кусту,
в землю ткнув треножник,
водит кистью по холсту?
Кто это? ХУДОЖНИК.

Ц

Кто, смеясь и хохоча,
лезет в пасть к зверюге?
Мы глядим на ЦИРКАЧА
и дрожим в испуге.

Ч

Охраняет наш покой,
слыша ветра грозный вой,
над далёкою рекой
верный ЧАСОВОЙ.

Ш

Кто, вступая с птицей в спор,
мчит во тьму во весь опор?
Кто глядит на светофор
с восхищением? ШОФЁР.

Щ

Нету должностей на Щ.
Весь вспотеешь, их ища.

Ы

К сожалению, увы,
нет профессий и на Ы.

Э

Свет погас, не видно пальцев.
Можно кошку съесть живьём,
наглотаться спиц от пяльцев...
Мы ЭЛЕКТРИКА зовём.

Ю

У меня сокровищ груды:
и брильянты, и сапфир.
Серебро от изумруда
отличает ЮВЕЛИР.

Я

Эту азбуку, друзья,
сочинил вам нынче я.

конец 1963

Пират

Пёс по имени Пират
    умыванию не рад.
Так орёт, так визжит,
    что посуда дребезжит.

Мама смотрит, брови хмуря:
    ванна — море, в море — буря.
Лай стоит на весь этаж:
    взят Пират на абордаж.

Зазевался я на миг,
    и Пират из ванны — прыг
прямо в кухню, с кухни — в дверь...
    Догони его теперь!

И от лап его лохматых
    всюду мокрые следы...

Настоящие пираты
    не пугаются воды.

<не позднее 1969>

Ссора

Однажды Капуста приходит к Морковке
и видит: Морковка лежит в упаковке.

— Морковка, Морковка, скажи мне на милость,
куда это нынче ты так нарядилась?

— Ах, знаешь, Капуста, уже ухожу,
сегодня меня пригласили к Ножу.
Меня без тебя пригласили к нему,
тебя я, Капуста, с собой не возьму.

Капуста сказала: — Подумаешь, Нож!
Чихать мне на то, что меня не возьмёшь.
Я тоже пойду без тебя, не взыщи.
Две Ложки меня пригласили на Щи.

<не позднее 1969>

Обещание путешественника

Я сегодня уеду
далеко-далеко,
в те края, где к обеду
подают молоко.

Я пошлю вам с дороги
телеграмму в эфир,
в ней — инжир и миноги,
и на утро кефир.

Я пошлю вам открытку
из далёкой страны:
шоколадную плитку
и кусок ветчины.

Я пошлю вам оттуда
заказное письмо
в виде круглого блюда
и на нём — эскимо.

Я пошлю вам посылку,
я отправлю вам груз:
лимонада бутылку,
колбасы и арбуз,

и халвы — до отвала —
и оладьи с огня.

Только вы, для начала,
накормите меня.

Анкета

Заяц боится охотника,
учебники — второгодника,
трава боится кустарника,
а пожары — пожарника.

Пожарник боится холода,
кустарник боится города,
второгодник — директора,
а охотник — инспектора.

Просим вас разобраться,
просим ответить редакции:
следует ли бояться
этой цепной реакции?

Летняя музыка

1. Ария кошек

Наши щёчки волосаты.
Наши спинки полосаты,
словно нотные листы.
Лапки — чудо красоты!

Красоты мы необычной.
Выгнут хвост, как ключ скрипичный.
Мы в пыли его влачим
и в молчании — звучим.

2. Ария птиц

Мы, певцы, и мы, певицы,
именуемые «птицы»,
вместе с песнями смогли
оторваться от земли.

Но при этом с каждой рощей
мы язык находим общий,
и идёт зимой и летом
в небе опера с балетом.

3. Ария насекомых

Пчёлки, бабочки, жучки —
мы как нотные значки.
Нашу роль нельзя сужать
до умения жужжать.

Наша музыка — простая:
затихает, улетая,
улетает, затихая.
Возвращается, порхая.

4. Ария собак

Мы, собаки-забияки,
расположенные к драке,
мы способны на рулады.
Расточаем серенады

кошкам, пташкам, насекомым,
всем прохожим незнакомым.
Очень часто — тишине.
Главным образом — Луне.

5. Ария рыб

Слышат реки и озёра
песню, скрытую от взора.
Над глубокими местами
дирижируем хвостами.

Мы хористы и солисты.
Наши песни серебристы.
Но ни слова, нет, ни слова
не дойдёт до рыболова.

6. Ария дождя

Словно струны, но живые,
эти струи дождевые.
И бренчат на них в тумане
ветры — старые цыгане.

Целый день гудит гитара
от небес до тротуара.
Но не блещет та гитара
новизной репертуара.

7. Ария деревьев

Мы, деревья, сами — звуки.
Меж собой всегда в разлуке,
разбредаемся по рощам,
умоляем, шепчем, ропщем.

Разбредаемся лесами.
Всё-то делаем мы сами:
и кручинимся, и блещем,
и поём, и рукоплещем.

19 марта 1965

Июль

Что хорошего в июле?
       Жуткая жара.
Осы жалятся, как пули.
       Воет мошкара.

Дождь упрямо избегает
       тротуаров, крыш.
И в норе изнемогает
       полевая мышь.

Душно в поле для овечки,
       в чаще — для лося.
Весь июль купайся в речке
       вместо карася.

Баллада о маленьком буксире

Это — я.
Моё имя — Антей.
Впрочем,
я не античный герой.
Я — буксир.
Я работаю в этом порту.
Я работаю здесь.
Это мне по нутру.
Подо мною вода.
Надо мной небеса.
Между ними
буксирных дымков полоса.
Между ними
буксирных гудков голоса.

Я — буксир.
Я работаю в этом порту.
Это мой капитан
с сигаретой во рту.
Он стоит у штурвала
(говорят — за рулём).
Это мой кочегар —
это он меня кормит углём.
Это боцман,
а это матросы.
Сегодня аврал.
Это два машиниста —
два врача, чтобы я не хворал.
Ну, а кто же вон там,
на корме,
в колпаке?

Это кок
с поварёшкой прекрасной в руке.

Я — буксир.
Все они — это мой экипаж.
Мы плывём.
Перед нами прекрасный пейзаж:
впереди синева,
позади синева,
или кранов подъёмных
вдалеке кружева,
на пустых островках
зеленеет трава,
подо мною залив
и немножко Нева.

Облака проплывают
в пароходных дымках,
отражаясь в воде.
Я плыву в облаках
по прекрасным местам,
где я был молодым,
возле чаек и там,
где кончается дым.

На рассвете в порту,
когда все ещё спят,
я, объятый туманом
с головы и до пят,
отхожу от причала
и спешу в темноту,
потому что КОРАБЛЬ
появился в порту.

Он явился сюда
из-за дальних морей,
там, где мне никогда
не бросать якорей,
где во сне безмятежно
побережья молчат,
лишь на пальмах прибрежных
попугаи кричат.

Пересёк океан —
И теперь он у нас.
Добрый день, иностранец,
мы приветствуем вас.
Вы проделали путь
из далёкой страны.
Вам пора отдохнуть
у причальной стены.
Извините, друзья,
без меня вам нельзя.
Хоть, собравшись на бак,
вы и смотрите
                        вниз,
но нельзя вам никак
без меня обойтись.

Я поставлю вас здесь
средь других кораблей,
чтоб вам было в компании
повеселей,
слева — берег высокий,
а справа — Нева.
Кран распустит над вами
свои кружева.

...А потом меня снова
подкормят углём,
и я вновь поплыву
за другим кораблём.

Так тружусь я всегда,
так тружусь и живу,
забываю во сне,
чем я был наяву,
постоянно бегу,
постоянно спешу,
привожу, увожу,
привожу, увожу.

Так тружусь я всегда,
очень мало стою,
то туда, то сюда,
иногда устаю.

...И, когда я плыву
вдоль причалов домой,
и закат торопливый
всё бежит за кормой,
и мерцает Нева
в серебристом огне,

вдруг я слышу слова,
обращённые мне.
Словно где-то вдали,
собираясь в кружок,
говорят корабли:
— Добрый вечер, дружок.

Или просто из тьмы,
обработавший груз,
«Бон суар, мон ами», —
тихо шепчет француз.

Рядом немец твердит:
«Гутен абенд, камрад».
«О, гуд бай!» — долетит
от английских ребят.

До свиданья, ребята,
До свиданья, друзья,

не жалейте, не надо,
мне за вами нельзя.

Отплывайте из дому
в белый утренний свет,

океану родному
передайте привет.

Не впервой расставаться,
исчезайте вдали.

Кто-то должен остаться
возле этой земли.

Это я, дорогие,
да, по-прежнему я.
Перед вами другие
возникают края,

где во сне безмятежно
побережья молчат,
лишь на пальмах прибрежных
попугаи кричат.

И хотя я горюю,
что вот я не моряк,
и хотя я тоскую
о прекрасных морях,

и хоть горько прощаться
с кораблём дорогим,

НО Я ДОЛЖЕН ОСТАТЬСЯ
ТАМ,
        ГДЕ НУЖЕН ДРУГИМ.

_____

И когда я состарюсь
на заливе судьбы,
и когда мои мачты
станут ниже трубы,
капитан мне скомандует
«право руля»,
кочегар мне подбросит
немного угля,

старый боцман в зюйд-вестке
мой штурвал повернёт
и ногой от причала
мне корму оттолкнёт,
— и тогда поплыву я
к прекрасному сну
мимо синих деревьев
в золотую страну,
из которой ещё,
как преданья гласят,
ни один из буксиров
не вернулся назад.

1962

В шесть часов под Новый год

В шесть часов под Новый год
я куплю пароход.
«Альбатрос» назову,
в Антарктиду поплыву.

Там куплю паровоз,
чтоб меня на Полюс вёз.
Как на Полюс ступлю,
самолёт себе куплю.

Я скажу: — Самолёт,
надоел мне снег и лёд.
Я в тепло теперь хочу.
Словом, в Африку лечу.

Там куплю себе Слона
и скажу: — Поедем на
остров тот, что я искал
у доски, — Мадагаскар.

Там тепло и красота.
Там куплю себе Кита
и, держась за фонтан,
поплыву на Индостан.

Там Кита я отпущу,
Тигра в джунглях отыщу
и на нём переезд
совершу на Эверест.

Там куплю себе Орла
и скажу: — Орёл, дела
таковы — в кратчайший срок
мчимся во Владивосток.

Промелькнёт под нами глушь,
Куэнь-Лунь и Гиндукуш,
и во всю свою ширь
нам откроется Сибирь.

Я в берлогу палкой ткну,
разбужу Медведя. — Ну, —
я скажу, — кончай реветь,
на Урал вези, Медведь.

Там я в горы побегу.
Волка в сани запрягу
и скажу: — Давай-ка, брат,
полным ходом в Ленинград.

Сквозь дремучие леса
мы промчимся в полчаса,
срубим Ёлку по пути.

И в Двенадцать Без Пяти,
под собой не чуя ног,
позвоню я в ваш звонок.

1962

Обещания путешественника

Среди огромного поэтического наследия И. Бродского (1940–1996) стихотворения для детей занимают небольшое место, но, без сомнения, они были вызваны творческой потребностью автора. Здесь, как и в «большой» лирике, он хотел сказать многое о жизни, о себе самом, о своём младшем современнике. Книга начинается стихотворением «Чистое утро»: оно сразу создаёт атмосферу радости и труда. С какой любовью, с каким старанием вся природа — зверюшки, птицы, даже звёзды и речка — готовят «во всей красе» начинающийся день: «Умываются коты. / Чистят мордочки кроты... / Словно пена, наяву / тучки моют синеву...» Но один человечек не хочет участвовать в общей гармонии:

> Только Маша-плакса
> между них, как клякса.

Весёлой энергией путешествий наполнены его стихотворения о двух путешественниках: так и кажется, что поэт вспоминает себя мальчишкой послевоенных лет, конца 40-х — начала 50-х годов. Какими же «экзотическими» казались тогда лакомства, которые «путешественник» обещает прислать друзьям из далёких стран, — кефир, лимонад, эскимо («Обещания путешественника»). И как щедро он готов поделиться всем лучшим: «...и халвы — до отвала — / и оладьи с огня». Но из совершенно неожиданных последних строчек становится ясно, что сам «путешественник» пока ещё просто голодный мальчишка:

> Только вы, для начала,
> накормите меня.

Другой путешественник («В шесть часов под Новый год») неутомим в своём желании увидеть весь свет. Стихотворение похоже на маленький фильм: каждый кадр высвечивает новый отрезок пути и новый способ передвижения героя — то Самолёт, то Кит, то Тигр, то Орёл. Путешествие выглядит фантастическим, но географически достоверным: сперва в Антарктиду, потом в Африку и дальше, дальше — через Эверест, вплоть до самой Сибири, «в кратчайший срок / мчимся во Владивосток», а оттуда уже на санях, в упряжке с Волком, прямо в Ленинград, в свой дом, к Празднику. Забавно, что виновницей путешествия оказалась школьная географическая карта, «остров тот, что я искал / у доски, — Мадагаскар».

Школа вообще занимала воображение Бродского. О примелькавшихся её приметах говорится с любовью: «Двух полушарий карты. Жёлтые листья в парке», «Перья — как балерины» («Сентябрь»). Чаще всего внимание поэта привлекают незадачливые ученики. Бедный Вова («История двойки») «Вместо математики / Стал играть в солдатики», и путь к двойке превращается в смешную и поучительную историю. Другой герой (Лёва Скоков) тоже к настоящим знаниям весьма равнодушен: «...тройки по физике, по литературе. / Но зато пятёрочка по физкультуре!». В построенном на парадоксальных вопросах-ответах стихотворении «Анкета» совершенно понятно, что «заяц боится охотника», а вот почему «учебники — второгодника», автор предлагает читателю подумать самому.

Какой ералаш царит в головах старшеклассников («Кто открыл Америку») — мешаются имена, эпохи, века, события: «Вы что?! Шекспир — Америку?/ Он умер до отплытия. / Принадлежит Копернику / честь этого открытия». Школьникам весело, но заключительные слова передают озабоченность человека, любящего знание:

> Прошу вас убедительно
> сказать им, кто действительно
> Америку открыл!

Поэту хотелось рассказать детям о множестве интересных событий. История о Слоне, Кошке и Мышке хорошо всем известна, но Бродский придумал много новых увлекательных подробностей: дрожащий при виде Мышки Слон «хватается хоботом за сердце»; спасительница Слона кошка Маруська оказывается приятельницей автора:

> Но Маруська живёт у меня,
> и в цирк нас пускают бесплатно.

Маленькую «оперу с балетом» создал Бродский о вечно неповторимых чудесах природы. В «Арии кошек» («Наши спинки полосаты, / словно нотные листы»), «Арии птиц» («Мы, певцы, и мы, певицы»), «Арии дождя» («Словно струны, но живые»), «Арии насекомых» («Пчёлки, бабочки, жучки — мы как нотные значки»), ариях собак, рыб, деревьев — целый каскад поэтических сопоставлений, находок, красок, цвета, движения («Летняя музыка»).

Все эти стихотворения и другие — «Рабочая азбука», «Пират», «Июль», «Ссора» — Бродский написал в 1960-е годы, когда он ещё жил в Ленинграде. Ему было немногим более двадцати лет. Стихи печатались в детском журнале «Костёр» или в отрывном журнальчике «Костра» — «Уголёк», а часто он оставлял их на столах друзей.

К этому времени Бродский был уже зрелым, сложившимся поэтом, но его «взрослые» стихи не печатались, и власти цинично обвинили его в том, что он ничего не делает, не приносит пользу обществу, и за это судили... и выслали из Ленинграда. В 1972 году поэт вынужден был покинуть Россию. Он поселился в США, много и замечательно работал, прославился на весь мир и в 1987-м был удостоен самой высокой награды — Нобелевской премии по литературе.

Многое из своей жизни Бродский предугадал в «Балладе о маленьком буксире». Сам жанр баллады предполагает сюжет необычный, в котором легко уживаются реальность и вымысел. Маленький буксир выбрал себе имя Антея, хотя предупреждает, что он не античный герой. Вместе с экипажем буксир предан своей работе («Это мне по нутру»). Он дружелюбен ко всем приплывающим кораблям, они ему отвечают тем же: «Словно где-то вдали, / собираясь в кружок, / говорят корабли: / — Добрый вечер, дружок». «„Бон суар, мон ами“, / тихо шепчет француз», «Рядом немец твердит: „Гутен абенд, камрад“. / „О, гуд бай!“ — долетит / от английских ребят». Корабли зовут буксир с собой. В воображении его возникают неведомые страны, где он был кем-то другим, «где я был молодым...» Верный долгу, он прощается с друзьями: «Не впервой расставаться, / исчезайте вдали...»

Баллада наполнена ощущением света, простора, свободы, влюблённости в «серебристую» Неву, в пейзаж, окружающий героя. Но конец баллады полон драматизма. Герой думает о том времени, когда он состарится и «старый боцман <...> от причала мне корму оттолкнёт...» Тогда он поплывёт «в золотую страну» — ту страну, из которой «ни один из буксиров / не вернулся назад». А пока маленький буксир трудится и, хотя горько ему расставаться со своими мечтами о далёких странах, «горько прощаться / с кораблём дорогим», он будет помнить о своём назначении:

НО Я ДОЛЖЕН ОСТАТЬСЯ
ТАМ,
ГДЕ НУЖЕН ДРУГИМ.

В этом прекрасном порыве слились, соединились, превратились в одного героя полный поэзии Маленький буксир и полный отваги Антей.

Е. Путилова

Содержание

Литературно-художественное издание
Для чтения взрослыми детям
СЕРИЯ «44 ВЕСЁЛЫХ СТИХА»

Иосиф Бродский

Слон и Маруська

Руководитель проекта *Антон Соя*. Ответственный редактор *Ольга Миклухо-Маклай*.
Художественный редактор *Владимир Ноздрин*. Обработка иллюстраций *Дмитрия Кабакова*.
Технический редактор *Елена Антонова*. Корректор *Ольга Смирнова*

Подписано в печать 15.11.2011. Формат издания 84×108 ¹/₁₆. Печать офсетная.
Гарнитура GaramondC. Усл. печ. л. 5.04. Тираж 5000 экз. Заказ № 4692.

ООО «Издательская Группа „Азбука-Аттикус"» — обладатель товарного знака АЗБУКА®
119991, Москва, 5-й Донской проезд, д. 15, стр. 4
Тел.: (495) 933-76-00, факс: (495) 933-76-19
E-mail: sales@atticus-group.ru; info@azbooka-m.ru
www.azbooka.ru; www.atticus-group.ru

Отпечатано в полном соответствии с качеством предоставленных
издательством материалов в ОАО «Тверской ордена Трудового Красного Знамени
полиграфкомбинат детской литературы им. 50-летия СССР»
170040, г. Тверь, проспект 50 лет Октября, д. 46

CAHH694102R